Impressum
Verlag: BABADADA GmbH, Nedderfeld 112 , 22529 Hamburg
Geschäftsführer / Verlagsleitung: Harald Hof
Druck: Books on Demand GmbH, In de Tarpen 42, 22848 Norderstedt

Imprint
Publisher: BABADADA GmbH, Nedderfeld 112 , 22529 Hamburg, Germany
Managing Director / Publishing direction: Harald Hof
Print: Books on Demand GmbH, In de Tarpen 42, 22848 Norderstedt

դպրոց

koulu

մատյան
luokkahuone
բաժանել
jakaa
186/2
գրատախտա
կ
taulu
խաղադաշտ
koulunpiha
ուսուցիչ
opettaja
թուղթ
paperi
գրել
kirjoittaa
գրիչ
kynä
գրասեղան
kirjoituspöytä
քանոն
viivoitin
գիրք
kirja
աշակերտ
oppilas

պայուսակ
....
reppu

գրչատուփ
....
penaali

մատիտ
....
lyijykynä

մատիտի սրիչ
....
kynänteroitin

ռետին
....
pyyhekumi

նկարչական ալբոմ
....
piirustuslehtiö

նկարչություն

piirustus

վրձին

pensseli

ներկերի տուփ

vesivärit

մկրատ

sakset

սոսինձ

liima

տետր

harjoituskirja

Տնային աշխատանք

kotitehtävä

թիվ

luku

գումարել

lisätä

հանել

vähentää

բազմապատկել

kertoa

հաշվել

laskea

տառ

kirjain

այբուբեն

aakkoset

բառ

sana

տեքստ

teksti

կարդալ

lukea

կավիճ

liitu

դաս

oppitunti

մատյան

opettajan muistikirja

քննություն

koe

վկայական

todistus

դպրոցական համազգեստ

koulupuku

կրթություն

koulutus

հանրագիտարան

sanakirja

համալսարան

yliopisto

մանրադիտակ

mikroskooppi

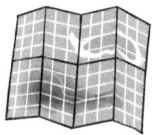

քարտեզ

kartta

աղբարկղ

roskakori

ճանապարհորդություն

matka

հյուրանոց
hotelli
հանրակացարա
ն
retkeilymaja
փոխանակման
կետ
rahanvaihto
ճամպրուկ
matkalaukku
ավտոմեքենա
auto

լեզու

kieli

այո / ոչ

kyllä / ei

Լավ

selvä

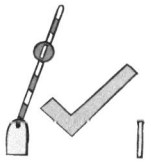

ողջույն

hei

թարգմանիչ

tulkki

Շնորհակալություն

kiitos

Որքա՞ն է ...?

Paljonko...maksaa?

Ես չեմ հասկանում

en ymmärrä

խնդիր

ongelma

Բարի երեկո

Hyvää iltaa!

Բարի լույս

Hyvää huomenta!

Բարի երեկո

Hyvää yötä!

ցտեսություն

näkemiin

ուղղություն

suunta

ուղղեբեռ

matkatavarat

պայուսակ

laukku

մեջքի պայուսակ

reppu

հյուր

vieras

սենյակ

huone

քնապարկ

makuupussi

վրան

teltta

Զբոսաշրջության
տեղեկատվական
turisti-info

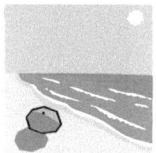

լողափ
ranta

ԿՐԵԴԻՏ քարտ
luottokortti

նախաճաշ
aamupala

լանչ
lounas

ճաշ
päivällinen

տոմս
matkalippu

վերելակ
hissi

կնիք
postimerkki

սահման
raja

մաքսային
tulli

դեսպանություն
suurlähetystö

Մուտքի արտոնագիր
viisumi

անձնագիր
passi

Փոխադրամիջոցներ
kuljetus

ինքնաթիռ
lentokone
նավ
laiva
հրշեջ մեքենա
paloauto
բեռնատար մեքենա
kuorma-auto
ավտոբուս
linja-auto
մոտորանավակ
moottorivene
հեծանիվ
polkupyörä
ավտոմեքենա
auto

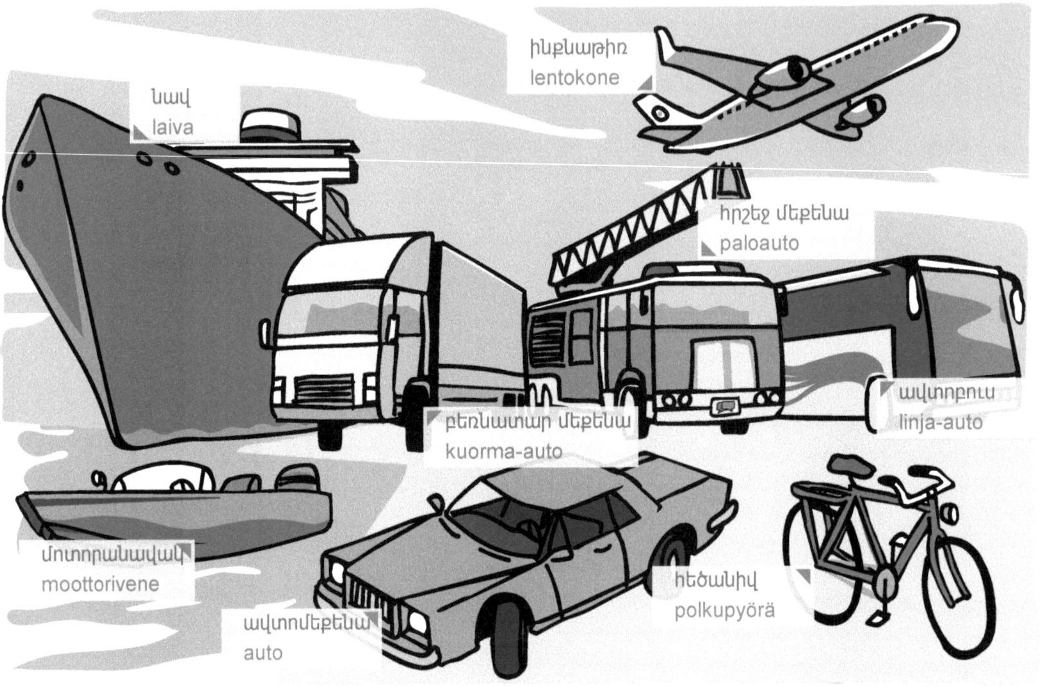

լաստանավ
lautta

նավակ
vene

մոտոցիկլ
moottoripyörä

ոստիկանության մեքենա
poliisiauto

մրցարշավային մեքենա
kilpa-auto

վարձակալվող մեքենա
vuokra-auto

մեքենայի վարձակալում

....

car sharing

էվակուատոր

....

hinausauto

աղբահանության մեքենա

....

roska-auto

շարժիչ

....

moottori

վառելիք

....

polttoaine

բենզալցակայան

....

huoltoasema

երթևեկության նշան

....

liikennemerkki

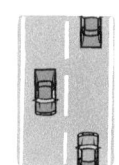

երթևեկություն

....

liikenne

խցանում

....

ruuhka

ավտոկանգառ

....

parkkipaikka

Նրկաթուղային կայարան

....

rautatieasema

երկաթուղագիծ

....

raiteet

գնացք

....

juna

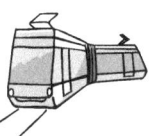

տրամվայ

....

raitiovaunu

վագոն

....

vaunu

ուղղաթիռ

helikopteri

օդանավակայան

lentokenttä

աշտարակ

lähilennonjohto

ուղևոր

matkustaja

աման

kontti

խավաքարտ

pahvilaatikko

սայլ

kärryt

զամբյուղ

kori

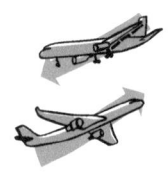

հանեք / հողատարածք

nousta / laskea

քաղաք

kaupunki

գյուղ

kylä

քաղաքի կենտրոնում

keskusta

տուն

talo

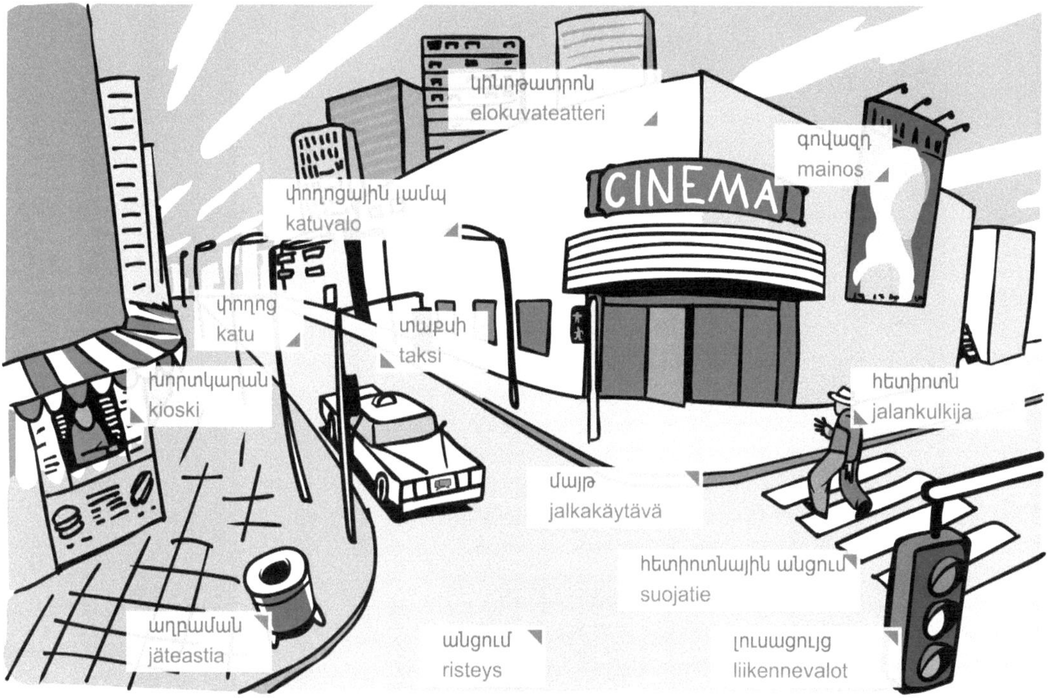

կինոթատրոն
elokuvateatteri
գովազդ
mainos
CINEMA
փողոցային լամպ
katuvalo
փողոց
katu
տաքսի
taksi
խորտկարան
kioski
հետիոտն
jalankulkija
մայթ
jalkakäytävä
հետիոտնային անցում
suojatie
աղբաման
jäteastia
անցում
risteys
լուսացույց
liikennevalot

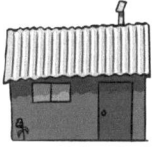

խրճիթ

mökki

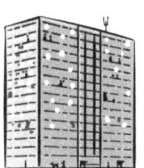

բնակարան

kerrostalo

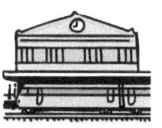

երկաթուղային կայարան

rautatieasema

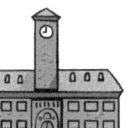

քաղաքապետարան

kaupungintalo

MUSEUM

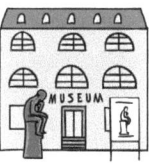

թանգարան

museo

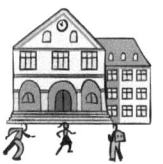

դպրոց

koulu

համալսարան

yliopisto

բանկ

pankki

հիվանդանոց

sairaala

հյուրանոց

hotelli

դեղատուն

apteekki

գրասենյակ

toimisto

գրքույկ խանութ

kirjakauppa

խանութ

liike

ծաղկի խանութ

kukkakauppa

սուպերմարկետ

supermarketti

շուկա

tori

հանրախանութ

tavaratalo

ձկան խանութ

kalakauppias

առևտրի կենտրոն

ostoskeskus

նավահանգիստ

satama

զբոսայգի

puisto

բանկերը

penkki

կամուրջ

silta

աստիճաններ

portaat

մետրո

metro

թունել

tunneli

ավտոբուսի կանգառ

linja-autopysäkki

բար

baari

ռեստորան

ravintola

փոստարկղ

postilaatikko

փողոցային նշան

katukyltti

ավտոկայանման հաշվիչ

parkkimittari

կենդանաբանական այգի

eläintarha

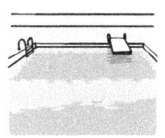

լողավազան

uimala

մզկիթ

moskeija

ֆերմա

maatila

աղտոտման

ympäristön saastuminen

գերեզմանոց

hautausmaa

եկեղեցի

kirkko

խաղահրապարակ

leikkikenttä

տաճար

temppeli

բնապատկեր

maisema

lehti
ուղղության նշան
tienviitta
ճանապարհ
tie
մարգագետին
niitty
քար
kivi
արշավականներ
retkeilijä
ծառ
puu
գետ
joki
խոտ
ruoho
ծաղիկ
kukka

հովիտ

laakso

բլուր

vuori

լիճ

järvi

անտառ

metsä

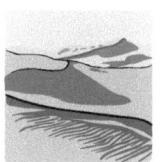

անապատ

aavikko

հրաբուխ

tulivuori

ամրոց

linna

ծիածան

sateenkaari

սունկ

sieni

արմավենու ծառ

palmu

մժեղ

hyttynen

թռչել

kärpänen

մրջյուն

muurahainen

մեղու

mehiläinen

սարդ

hämähäkki

բզեզ

kovakuoriainen

գորտ

sammakko

սկյուռ

orava

ոզնի

siili

նապաստակ

jänis

բու

pöllö

թռչուն

lintu

կարապ

joutsen

վարազ

villisika

եղջերու

peura

իշայծյամ

hirvi

պատնեշ

pato

քամին տուրբինների

tuulimylly

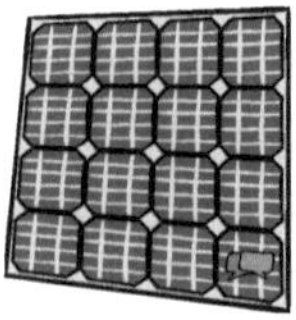

արեւային վահանակ

aurinkopaneeli

կլիմա

ilmasto

ռեստորան
ravintola

մատուցող
tarjoilija
մենյու
ruokalista
աթոռ
tuoli
ապուր
keitto
պիցցա
pitsa
սպասք
ruokailuvälineet
սփռոց
pöytäliina

ստարտեր

alkuruoka

հիմնական կերակուր

pääruoka

դեսերտ

jälkiruoka

օրական

juomat

սնունդ

ruoka

շիշ

pullo

արագ սնունդ

pikaruoka

streetfood

katuruoka

թեյնիկ

teekannu

շաքարաման

sokeriastia

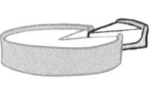

բաժին

annos

էսպրեսսո մեքենա

espressokeitin

մանկական աթոռ

syöttötuoli

օրինագիծ

lasku

սկուտեղ

tarjotin

դանակ

veitsi

պատառաքաղ

haarukka

գդալ

lusikka

թեյի գդալ

teelusikka

անձեռոցիկ

servietti

ապակի

lasi

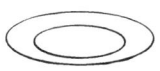

ափսե
....
lautanen

խոր ափսե
....
syvä lautanen

պնակ
....
aluslautanen

սոուս
....
kastike

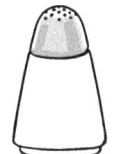

աղաման
....
suolasirotin

պղպեղի աղաց
....
pippurimylly

քացախ
....
etikka

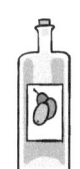

ձեթ
....
öljy

համեմունքներ
....
mausteet

կետչուպ
....
ketsuppi

մանանեխ
....
sinappi

մայոնեզ
....
majoneesi

սուպերմարկետ

supermarketti

հատուկ առաջարկ
tarjous
հաճախորդ
asiakas
Dairy
maitotuotteet
միրգ
hedelmät
գնումների սայլակ
ostoskärryt

մսամթերքի խանութ

teurastamo

հացամթերքի խանութ

leipomo

կշռել

punnita

բանջարեղեն

kasvikset

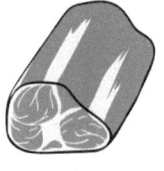

միս

liha

սառեցված սննդամթերքի

pakasteet

երշիկեղեն

leikkele

պահածոների

säilykkeet

լվացքի փոշի

pesujauhe

քաղցրավենիք

makeiset

տնտեսական ապրանքներ

kotitaloustarvikkeet

մաքրող միջոցներ

puhdistusaineet

վաճառող

myyjä

դրամարկղ

kassa

գանձապահ

kassanhoitaja

գնումների ցուցակ

ostoslista

ժամերը

aukioloajat

դրամապանակ

lompakko

ԿՐԵԴԻՏ քարտ

luottokortti

պայուսակ

kassi

պլաստիկ տոպրակ

muovipussi

օրական
juomat

ջուր

vesi

հյութ

mehu

կաթ

maito

կոլա

kokis

գինի

viini

գարեջուր

olut

սպիրտ

alkoholi

կակաո

kaakao

թեյ

tee

սուրճ

kahvi

էսպրեսսո

espresso

կապուչինո

cappuccino

բանան

banaani

խնձոր

omena

նարնջի

appelsiini

սեխ

meloni

կիտրոն

sitruuna

գազար

porkkana

սխտոր

valkosipuli

բամբուկ

bambu

սոխ

sipuli

սունկ

sieni

ընկուզեղեն

pähkinät

արիշտա

spagetti

սպագետտի

spagetti

բրինձ

riisi

աղցան

salaatti

չիպս

ranskalaiset

տապակած կարտոֆիլ

paistetut perunat

պիցցա

pitsa

համբուրգեր

hampurilainen

սենդվիչ

voileipä

կոտլետ

leike

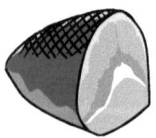

խոզապուխտ

kinkku

սալյամի

salami

երշիկ

makkara

հավ

kana

խորոված

paisti

ձուկ

kala

վարսակի փաթիլներ

kaurahiutaleet

մյուսլի

mysli

եգիպտացորենի փաթիլներ

murot

ալյուր

jauho

կրուասան

voisarvi

բուլկի

sämpylä

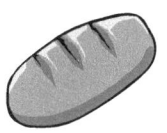

հաց

leipä

տոստ

paahtoleipä

թխվածքաբլիթներ

keksit

կարագ

voi

կաթնաշոռ

rahka

տորթ

kakku

ձու

kananmuna

տապակած ձու

paistettu kananmuna

պանիր

juusto

պաղպաղակ

jäätelö

շաքար

sokeri

մեղր

hunaja

ջեմ

hillo

նուգա սերուցք

suklaapähkinälevite

կարրի

curry

maatila

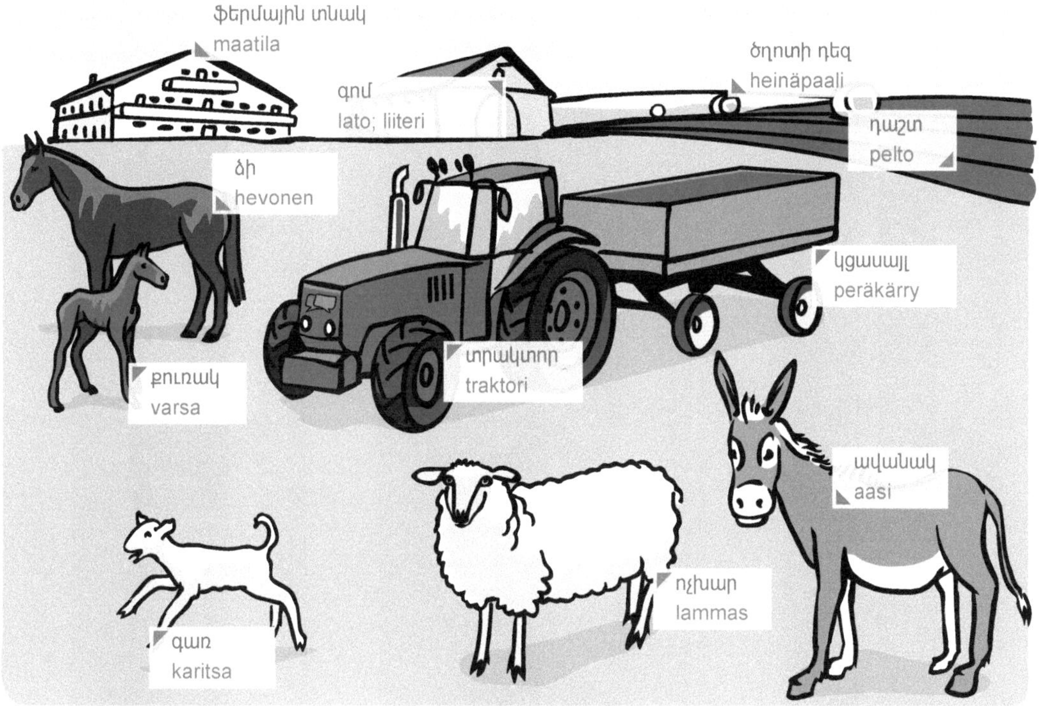

ֆերմային տնակ
maatila
գոմ
lato; liiteri
ծղոտի դեզ
heinäpaali
դաշտ
pelto
ձի
hevonen
կցասայլ
peräkärry
քուռակ
varsa
տրակտոր
traktori
ավանակ
aasi
ոչխար
lammas
գառ
karitsa

այծ
vuohi

կով
lehmä

հորթ
vasikka

խոզ
sika

խոճկոր
porsas

ցուլ
sonni

ֆերմա - maatila 27

սագ

hanhi

բադ

ankka

ճուտ

tipu

հավ

kana

աքլոր

kukko

առնետ

rotta

կատու

kissa

մուկ

hiiri

ցուլ

härkä

շուն

koira

շան բուն

koirankoppi

այգու փողրակ

puutarhaletku

watering կարող է

kastelukannu

գերանդի

viikate

գութան

aura

մանգաղ
sirppi

թոխր
kuokka

եղան
talikko

կացին
kirves

միանիվ ձեռնասայլակ
kottikärryt

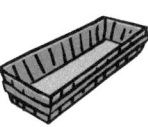

կերակրատաշտ
kaukalo

կաթի բիդոն
maitokannu

պարկ
säkki

ցանկապատ
aita

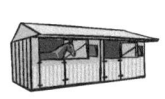

կայուն
talli

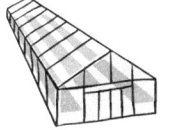

ջերմոց
kasvihuone

հող
maa

սերմ
siemen

պարարտանյութ
lannoite

բերքահավաք կոմբայն
leikkuupuimuri

բերք

kerätä sato

բերք

sato

յամս

jamssit

ցորեն

vehnä

սոյա

soija

կարտոֆիլ

peruna

եգիպտացորեն

maissi

rapeseed

rypsi

մրգային ծառ

hedelmäpuu

manioc

maniokki

շիլաներ

vilja

տուն

talo

ծխնելույզ
savupiippu
տանիք
katto
ջրհորդան խողովակ
sadevesikouru
պատուհան
ikkuna
ավտոտնակ
autotalli
դռան զանգ
ovikello
դուռ
ovi
աղբարկղ
roska-astia
փոստարկղ
postilaatikko
պարտեզ
puutarha

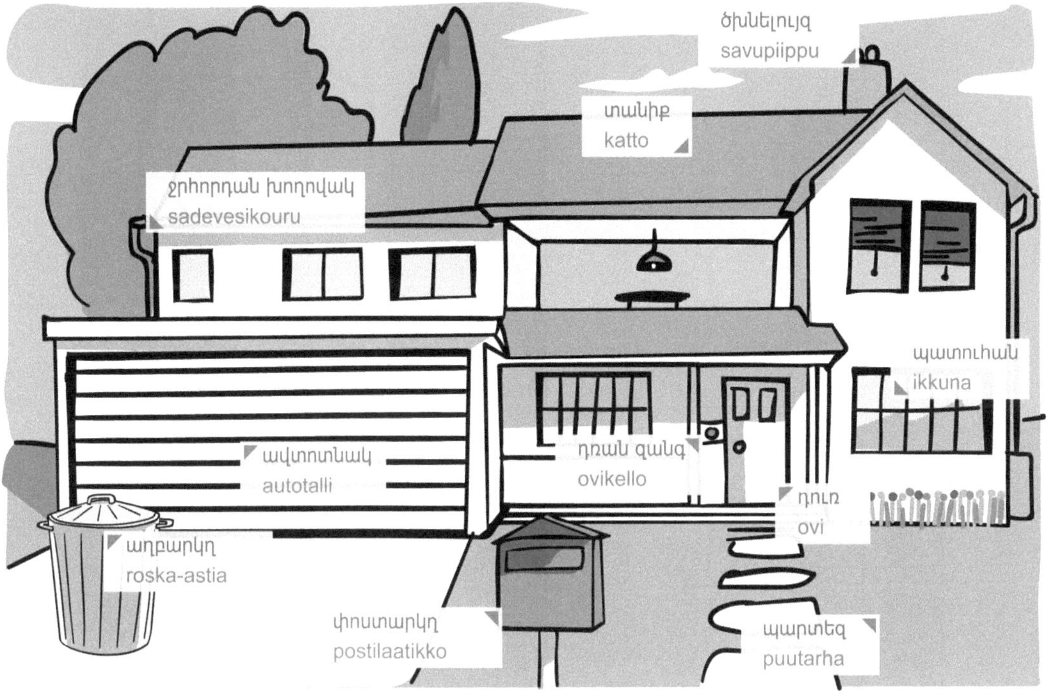

հյուրասենյակ
....
olohuone

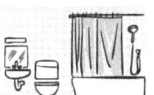

լողասենյակ
....
kylpyhuone

խոհանոց
....
keittiö

ննջարան
....
makuuhuone

մանկական սենյակ
....
lastenhuone

ճաշասենյակ
....
ruokahuone

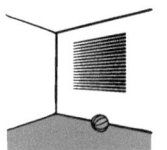

հարկ

lattia

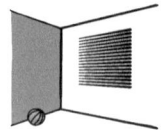

պատ

seinä

առաստաղ

katto

նկուղ

kellari

շոգեբաղնիք

sauna

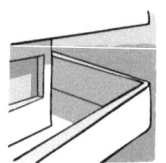

պատշգամբ

parveke

պատշգամբ

terassi

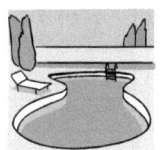

ավազան

uima-allas

խոտհնձիչ

ruohonleikkuri

թերթ

lakana

անկողնու ծածկոց

päiväpeitto

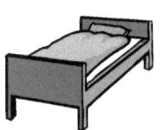

մահճակալ

sänky

ավել

harja

դույլ

ämpäri

անջատիչ

katkaisin

հյուրասենյակ
olohuone

պաստառ
tapetti
նկար
kuva
լամպ
lamppu
դարակ
hylly
բուֆետ
kaappi
հեռուստացույց
televisio
բուխարի
takka
ծաղիկ
kukka
բարձ
tyyny
բազմոց
sohva
սկահակ
maljakko
հեռակառավարման
վահանակ
kaukosäädin

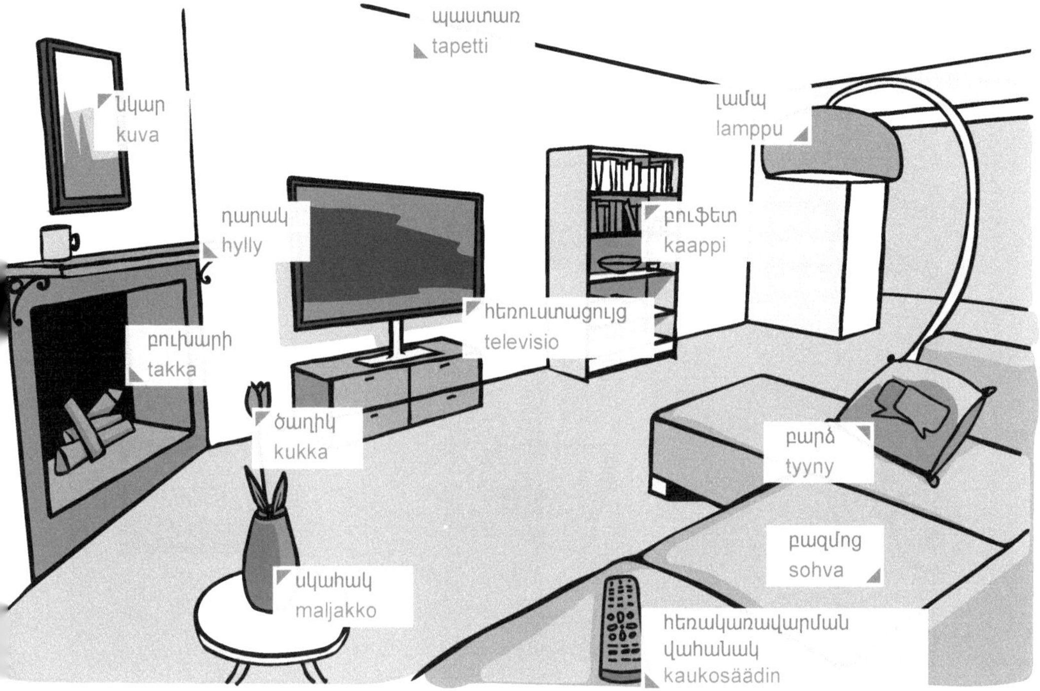

գորգ
matto

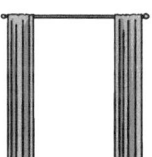

վարագույր
verho

սեղան
pöytä

աթոռ
tuoli

ճոճվող բազկաթոռ
keinutuoli

բազկաթոռ
nojatuoli

գիրք

kirja

վերմակ

peitto

զարդարանք

koriste

վառելափայտ

polttopuut

ֆիլմ

elokuva

hi-fi

stereot

բանալի

avain

թերթ

sanomalehti

նկար

maalaus

պլակատ

juliste

ռադիո

radio

տետր

muistivihko

փոշեկուլ

pölynimuri

կակտուս

kaktus

մոմ

kynttilä

խոհանոց
keittiö

սառնարանի
jääkaappi
միկրոալիքային վառարան
mikroaaltouuni
խոհանոցի կշեռք
keittiövaaka
տոստեր
leivänpaahdin
լվացող հեղուկ
pesuaine
վառարան
leivinuuni
սառնարան
pakastinlokero
աղբարկղ
roska-astia
աման լվացող սարք
astianpesukone

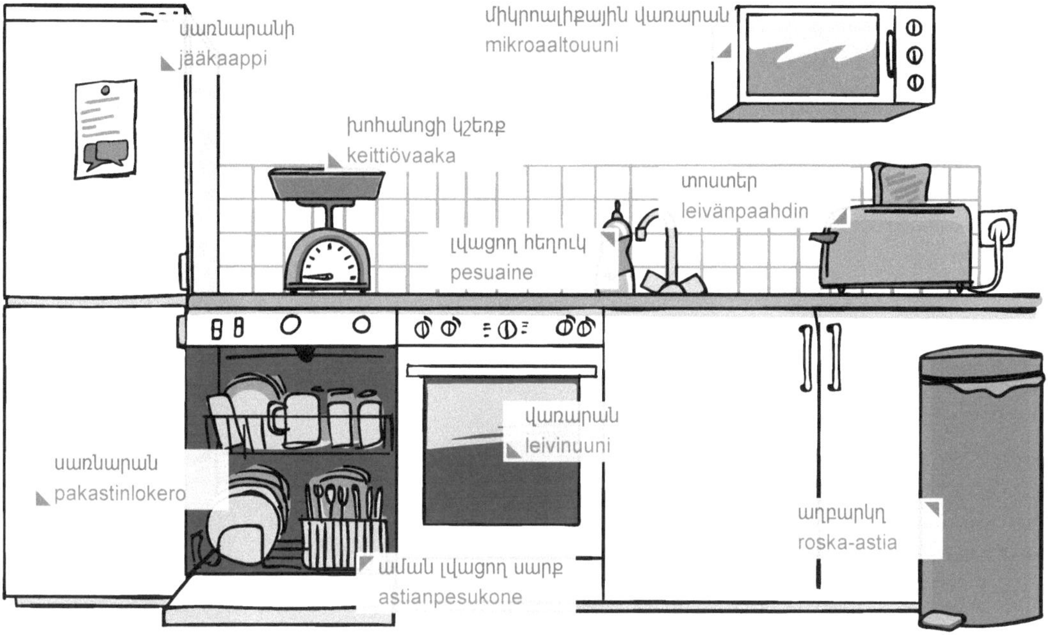

կաթսա
liesi

կճուճ
kattila

թուջե աման
rautapata

wok / kadai
vokkipannu / kadai-pannu

թավա
paistinpannu

թեյնիկ
teepannu

խոհանոց - keittiö 35

շոգենավ
höyrykeitin

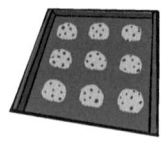

ջեռոցի սկուտեղ
uunipelti

ամանեղեն
astiat

բաժակ
muki

խորը աման
kulho

փայտիկներ
syömäpuikot

շերեփ
kauha

խոհանոցային բահիկ
paistinlasta

հարել
vispilä

քամիչ
siivilä

մաղ
siivilä

քերիչ
raastin

հավանգ
mortteli

խորոված
grilli

բաց կրակի
avotuli

տախտակ
leikkuulauta

գրտնակ
kaulin

խցանահան
korkinavaaja

բանկա
purkki

բացիչ
purkinavaaja

խոհանոցային բռնիչ
pannulappu

լվացարան
lavuaari

խոզանակ
tiskiharja

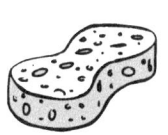

սպունգ
pesusieni

բլենդեր
tehosekoitin

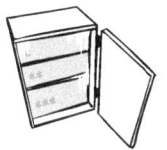

սառնարան
pakastin

մանկական շիշ
tuttipullo

թակել
vesihana

լողասենյակ
kylpyhuone

ջեռուցում
lämmitys
սրբիչ
pyyhe
ցնցուղ
suihku
լոգարանի վարագույր
suihkuverho
փրփուրով վաննա
vaahtokylpy
լոգարան
kylpyamme
ապակի
lasi
լվացքի մեքենա
pesukone
թակել
vesihana
սալիկներ
kaakelit
մանր
potta
լվացարան
lavuaari

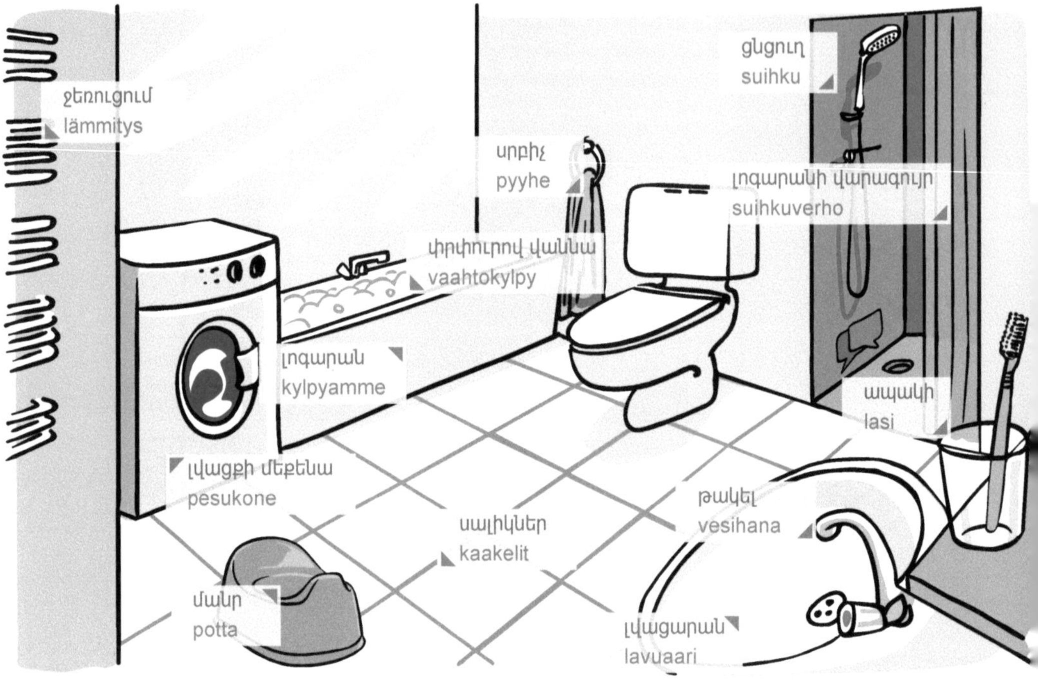

զուգարան

vessa

կզելը զուգարան

kyykkyvessa

բիդե

bidee

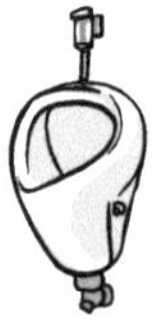

pissoir

pisuaari

զուգարանի թուղթ

vessapaperi

զուգարանի խոզանակ

vessaharja

ատամի խոզանակ

hammasharja

ատամի քսուք

hammastahna

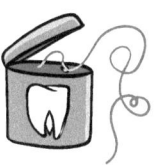

ատամի թել

hammaslanka

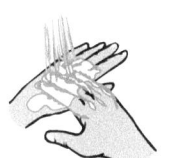

լվանալ

pestä

ձեռքի ցնցուղ

käsisuihku

ցնցուղ

intiimisuihku

ավազան

pesuvati

մեջքի խոզանակ

selkäharja

օճառ

saippua

լոգանքի գել

suihkugeeli

շամպուն

shampoo

ճիլոպ

pesulappu

հատականցք

viemäri

կրեմ

voide

դեզոդորանտ

deodorantti

հայելի

peili

ձեռքի հայելի

käsipeili

սափրիչ

partaveitsi

Սափրվելու փրփուր

partavaahto

սափրվելուց հետո քսվող լոսյոն

partavesi

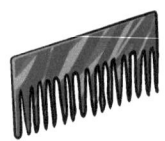

սանր

kampa

խոզանակ

harja

մազերի չորացուցիչ

hiustenkuivaaja

մազի լաք

hiuslakka

դիմահարդարում

meikki

շրթնաներկ

huulipuna

եղունգների լաք

kynsilakka

բամբակ

pumpuli

եղունգների մկրատ

kynsisakset

օծանելիք

hajuvesi

դիմահարդարման
պայուսակ
kosmetiikkalaukku

աթոռակ
jakkara

կշեռք
vaaka

լողանալու խալաթ
kylpytakki

ռետինե ձեռնոցներ
kumihansikkaat

տամպոն
tamponi

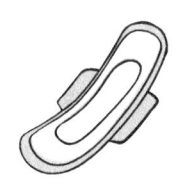

սանիտարական սրբիչ
terveysside

քիմիական զուգարան
kemiallinen wc

մանկական սենյակ
lastenhuone

զարթուցիչ ժամացույց
herätyskello
փափուկ խաղալիք
pehmolelu
խաղալիք մեքենա
leikkiauto
բըբլալ
helistin
տիկնիկների տնակ
nukkekoti
lahja

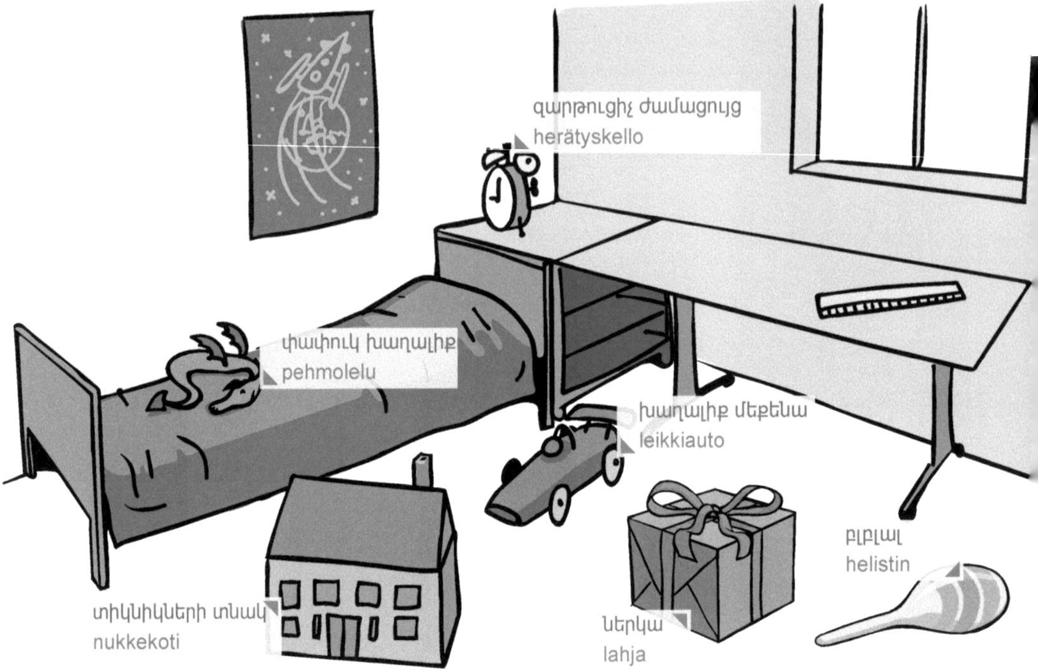

փուչիկ
ilmapallo

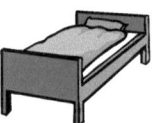

մահճակալ
sänky

մանկական սայլակ
lastenvaunut

խաղաթղթեր
korttipeli

խճապատկեր
palapeli

կոմիքս
sarjakuva

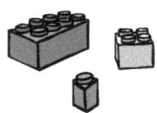

Լեգո կուբիկներ
legopalikat

կառուցողական
խաղալիքներ
rakennuspalikat

ակցիան գործիչ
supersankari

մանկական բոդի
potkupuku

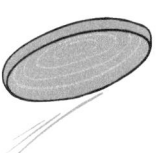

Frisbee
frisbee

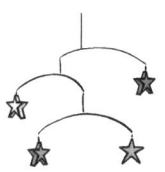

շարժական
mobile

խաղատախտակ
lautapeli

զառախաղ
noppa

գնացքների կազմ
pienoisjunarata

ծծակ
tutti

կուսակցություն
juhlat

մանկական
պատկերազարդ գիրք
kuvakirja

գնդակ
pallo

տիկնիկ
nukke

խաղալ
leikkiä

ավազե խաղահրապարակի

hiekkalaatikko

ռիթմ

keinu

խաղալիքներ

lelut

վիդեո խաղ մխիթարել

pelikonsoli

եռանիվ հեծանիվ

kolmipyörä

խաղալիք արջուկ

nalle

պահարան

vaatekaappi

հագուստ
vaatteet

կիսագուլպա

sukat

գուլպա

nylonsukat

զուգագուլպա

sukkahousut

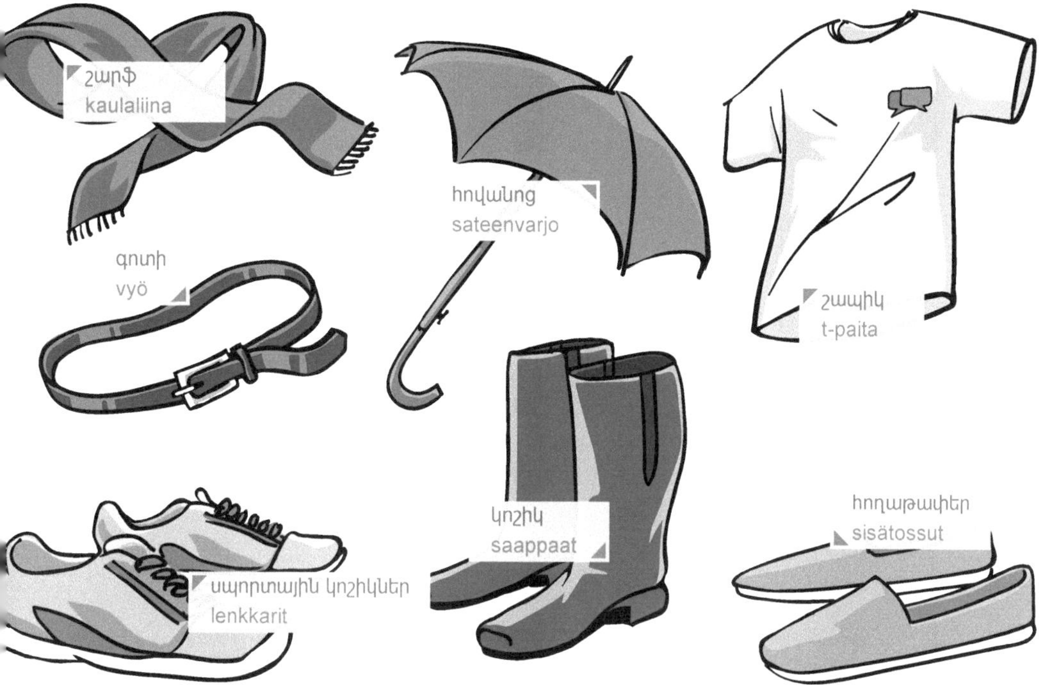

շարֆ
kaulaliina

հովանոց
sateenvarjo

գոտի
vyö

շապիկ
t-paita

սպորտային կոշիկներ
lenkkarit

կոշիկ
saappaat

հողաթափեր
sisätossut

սանդալներ
sandaalit

կոշիկ
kengät

ռետինե կոշիկներ
kumisaappaat

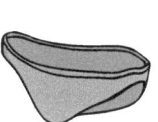

վարտիք
alushousut

կրծկալ
rintaliivit

մայկա
aluspaita

մարմին

body

անդրավարտիք

housut

ջինս

farkut

կիսաշրջազգեստ

hame

բլուզ

pusero

վերնաշապիկ

paita

պուլովեր

villapaita

սպորտային կուրտկա

collegepaita

պիջակ

jakku

կուրտկա

takki

վերարկու

takki

անձրևանոց

sadetakki

կանացի կոստյում

puku

զգեստ

mekko

հարսանյաց զգեստ

hääpuku

տղամարդու կոստյում
puku

գիշերանոց
yöpaita

պիժամա
pyjama

Սարի
shari

գլխաշորն
päähuivi

չալմա
turbaani

չադրա
burka

արևելյան խալաթ
kaftaani

հաստ վերարկու
abaya

կանացի լողազգեստ
uimapuku

տղամարդու լողազգեստ
uimahousut

շորտ
shortsit

սպորտային համազգեստ
verkkarit

գոգնոց
esiliina

ձեռնոցներ
käsineet

կոճակ

nappi

ակնոց

silmälasit

ապարանջան

rannekoru

վզնոց

kaulakoru

մատանի

sormus

ականջօղ

korvakoru

գլխարկ

lippalakki

կախիչ

ripustin

գլխարկ

hattu

փողկապ

solmio

շղթա

vetoketju

սաղավարտ

kypärä

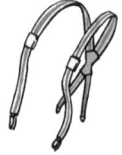

տաբատակալ

henkselit

դպրոցական համազգեստ

koulupuku

համազգեստ

univormu

մանկական գոգնոց
....
ruokalappu

ծծակ
....
tutti

մանկական տակդիր
....
vaippa

գրասենյակ
toimisto

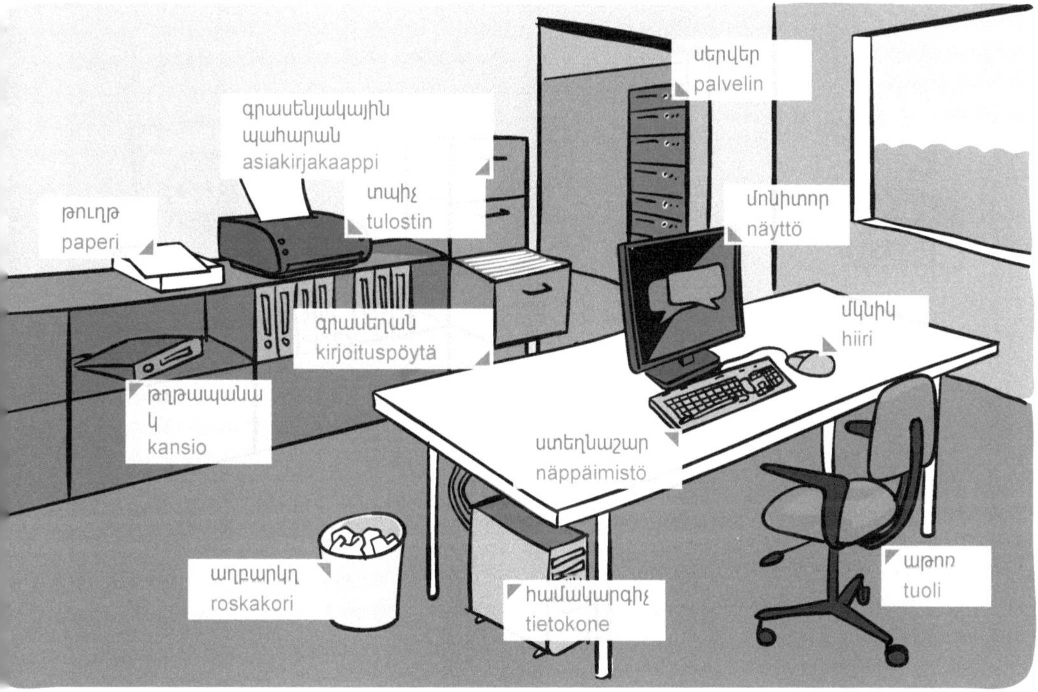

սերվեր
palvelin

գրասենյակային
պահարան
asiakirjakaappi

տպիչ
tulostin

մոնիտոր
näyttö

թուղթ
paperi

գրասեղան
kirjoituspöytä

մկնիկ
hiiri

թղթապանա
կ
kansio

ստեղնաշար
näppäimistö

աղբարկղ
roskakori

համակարգիչ
tietokone

աթոռ
tuoli

սուրճի գավաթ
....
kahvimuki

հաշվիչ
....
taskulaskin

ինտերնետ
....
internet

laptop

kannettava tietokone

նամակ

kirje

հաղորդագրություն

viesti

բջջային հեռախոս

kännykkä

ցանց

verkko

պատճենահանման սարք

kopiokone

ծրագրային ապահովում

ohjelmisto

հեռախոս

puhelin

վարդակ

pistorasia

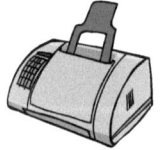

ֆաքսի մեքենա

faksi

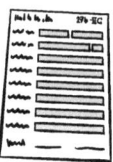

տեսակ

lomake

փաստաթուղթ

asiakirja

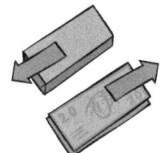

գնել
ostaa

վճարել
maksaa

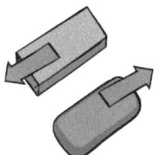

առեւտրի
vaihtaa

փող
raha

դոլար
dollari

եվրո
euro

իեն
jeni

ռուբլի
rupla

շվեյցարական ֆրանկ
frangi

յուան
renminbi juan

ռուպի
rupia

բանկոմատ
pankkiautomaatti

փոխանակման կետ
....
rahanvaihto

ոսկի
....
kulta

արծաթ
....
hopea

նավթ
....
öljy

էներգիա
....
energia

գին
....
hinta

պայմանագիր
....
sopimus

հարկ
....
vero

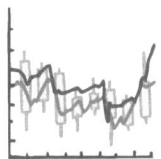

ակցիաներ
....
osake

աշխատանք
....
työskennellä

ծառայող
....
työntekijä

գործատուն
....
työnantaja

գործարան
....
tehdas

խանութ
....
liike

մասնագիտություն

ammatit

ոստիկան
poliisi
հրշեջ
palomies
խոհարար
kokki
բժիշկ
lääkäri
օդաչու
lentäjä

այգեպան

puutarhuri

ատաղձագործ

puuseppä

դերձակուհի

ompelija

դատավոր

tuomari

քիմիկոս

kemisti

դերասան

näyttelijä

ավտոբուսի վարորդ

linja-autonkuljettaja

տաքսու վարորդ

taksinkuljettaja

ձկնորս

kalastaja

հավաքարար

siivooja

տանիքագործ

katontekijä

մատուցող

tarjoilija

որսորդ

metsästäjä

նկարիչ

maalari

հացթուխ

leipuri

էլեկտրատեխնիկ

sähköasentaja

շինարար

rakentaja

ինժեներ

insinööri

մսագործ

teurastaja

ջրմուղագործ

putkiasentaja

փոստատար

postinjakaja

զինվոր

sotilas

ճարտարապետ

arkkitehti

գանձապահ

kassanhoitaja

ծաղկավաճառ

floristi

վարսավիր

kampaaja

տոմսավաճառ

konduktööri

մեխանիկ

mekaanikko

կապիտան

kapteeni

ատամնաբույժ

hammaslääkäri

գիտնական

tiedemies

ռաբբի

rabbi

Իմամ

imaami

կուսակրոն

munkki

հոգևորական

pappi

գործիքներ
työkalut

տափակաբերան
աքցան
pihdit
մուրճ
vasara
պտուտակահան
ruuvimeisseli
դարձակ
jakoavain
լապտեր
taskulamppu

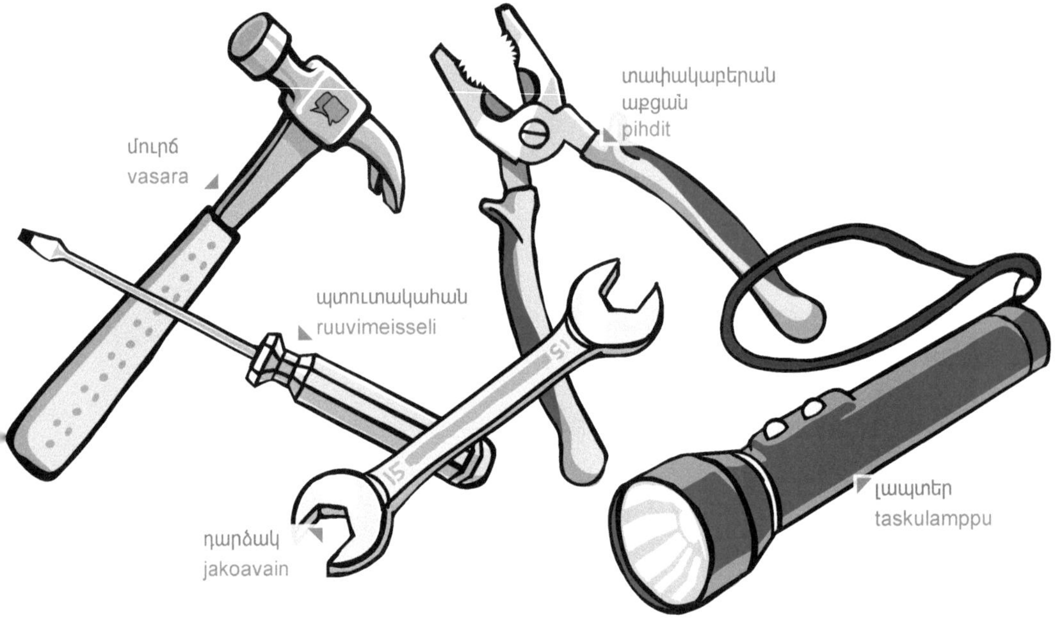

էքսկավատոր

kaivinkone

գործիքների տուփ

työkalupakki

սանդուղք

tikkaat

սղոց

saha

մեխեր

naulat

գայլիկոն

pora

նորոգում

korjata

բահ

lapio

գրողը տանի

Hitto!

գոգաթիակ

rikkalapio

ներկաման

maalipurkki

պտուտակներ

ruuvit

երաժշտական գործիքներ

soittimet

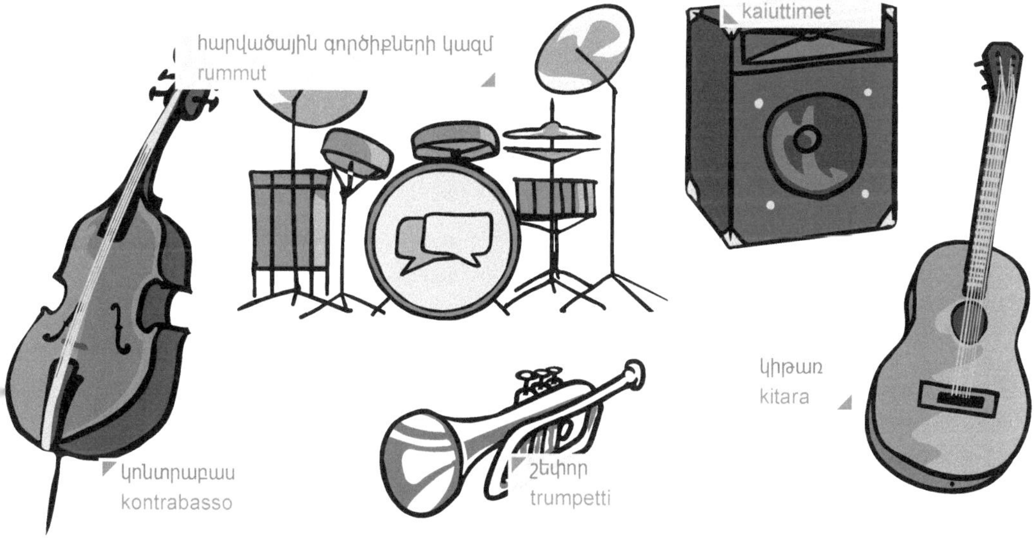

բարձրախոս
kaiuttimet
հարվածային գործիքների կազմ
rummut
կիթառ
kitara
կոնտրաբաս
kontrabasso
շեփոր
trumpetti

դաշնամուր

piano

ջութակ

viulu

բաս

basso

թմբուկներ

patarummut

հարվածային գործիքներ

rumpu

ստեղնաշար

kosketinsoitin

սաքսոֆոն

saksofoni

ֆլեյտա

huilu

միկրոֆոն

mikrofoni

կենդանաբանական այգի

eläintarha

վագր
tiikeri
վանդակ
häkki
զեբր
seepra
կենդանիների կերակուր
eläinten ruoka
մուտք
sisäänkäynti
պանդա
panda

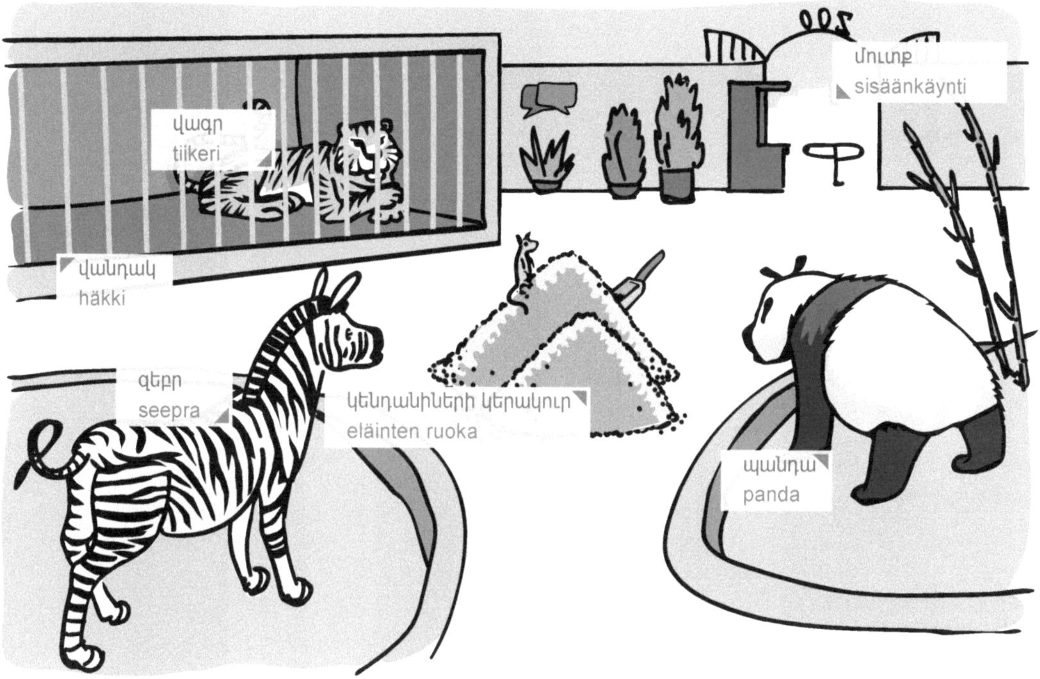

կենդանիներ

eläimet

փիղ

norsu

կենգուրու

kenguru

ռնգեղջյուր

sarvikuono

գորիլա

gorilla

գորշ արջ

karhu

ուղտ

kameli

ջայլամ

strutsi

առյուծ

leijona

կապիկ

apina

Ֆլամինգո

flamingo

թութակ

papukaija

բևեռային արջ

jääkarhu

պինգվին

pingviini

շնաձուկ

hai

սիրամարգ

riikinkukko

օձ

käärme

կոկորդիլոս

krokotiili

կենդանաբանական այգու
աշխատող

eläintarhanhoitaja

փոկ

hylje

յագուար

jaguaari

պոնի
poni

ընձառյուծ
leopardi

գետաձի
virtahepo

ընձուղտ
kirahvi

արծիվ
kotka

վարազ
villisika

ձուկ
kala

կրիա
kilpikonna

ծովացուլ
mursu

աղվես
kettu

վիթ
gaselli

սպորտներ
urheilu

ամերիկյան ֆուտբոլ
amerikkalainen jalkapallo
հեծանվավազք
pyöräily
թենիս
tennis
բասկետբոլ
koripallo
լող
uinti
բռնցքամարտ
nyrkkeily
հոկեյ
jääkiekko

ֆուտբոլ

jalkapallo

բադմինտոն

sulkapallo

աթլետիկա

yleisurheilu

ձեռքի գնդակ

käsipallo

դահուկային սպորտ

hiihto

պոլո

poolo

ծիծաղել
nauraa

ցատկել
hypätä

գրկել
halata

քայլել
kävellä

երգել
laulaa

երազել
unelmoida

աղոթել
rukoilla

համբուրել
suudella

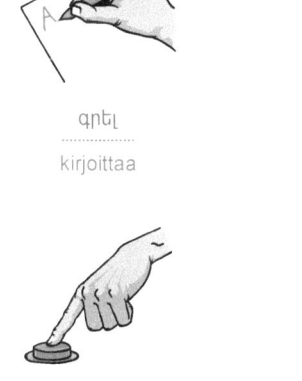

գրել	նկարել	ցույց տալ
kirjoittaa	piirtää	näyttää
հրել	տալ	վերցնել
painaa	antaa	ottaa

ունենալ

omistaa

դեպի

tehdä

լինել

olla

կանգնել

seisoa

վազել

juosta

քաշել

vetää

նետել

heittää

ընկնել

kaatua

ստել

maata

սպասել

odottaa

կրել

kantaa

նստել

istua

հագնվել

pukeutua

քնել

nukkua

արթնանալ

herätä

նայել

katsoa

լացել

itkeä

շոյել

silittää

սանրվել

kammata

խոսել

puhua

հասկանալ

ymmärtää

հարցնել

kysyä

լսել

kuunnella

խմել

juoda

ուտել

syödä

հարդարվել

siivota

սիրել

rakastaa

խոհարար

keittää

քշել

ajaa

թռչել

lentää

լողալ
....
purjehtia

հաշվել
....
laskea

կարդալ
....
lukea

սովորել
....
oppia

աշխատանք
....
työskennellä

ամուսնանալ
....
mennä naimisiin

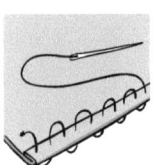

կարել
....
ommella

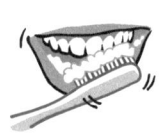

ատամները լվանալ
....
pestä hampaat

սպանել
....
tappaa

ծուխ
....
tupakoida

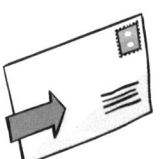

ուղարկել
....
lähettää

ընտանիք
perhe

տատիկ
mummo
պապիկ
ukki
հայր
isä
մայր
äiti
երեխա
vauva
դուստր
tytär
որդի
poika

հյուր
vieras

հորաքույր
täti

հորեղբայր
setä

եղբայր
veli

քույր
sisko

մարմին

vartalo

ճակատ
otsa
աչք
silmä
ուս
olkapää
մատ
sormet
դեմք
kasvot
կզակ
leuka
ձեռք
käsi
ոտք
jalka
կուրծք
rinta
թև
käsivarsi

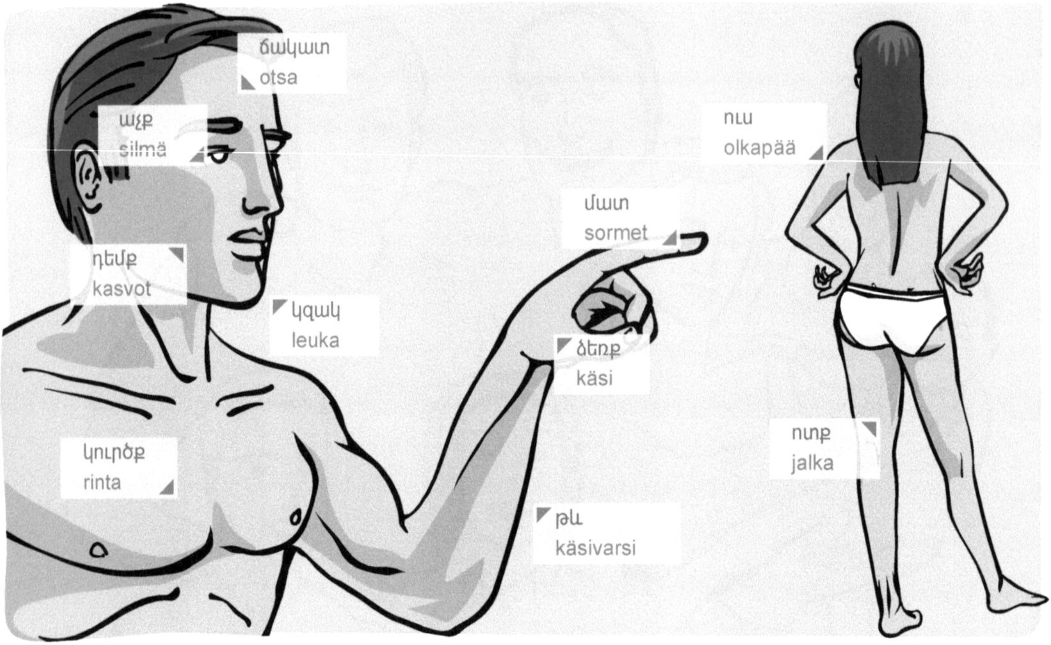

երեխա

vauva

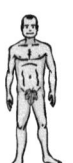

մարդ

mies

կին

nainen

աղջիկ

tyttö

տղա

poika

գլուխ

pää

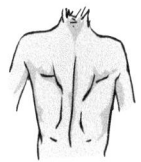

մեջք

selkä

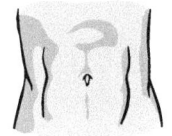

փոր

maha

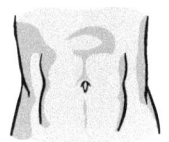

պորտ

napa

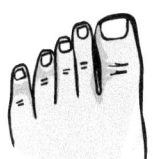

ոտնամատ

varvas

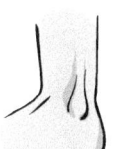

կրունկ

kantapää

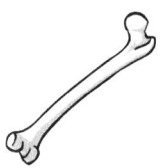

ոսկոր

luu

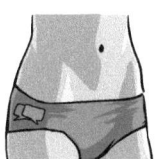

ազդր

lantio

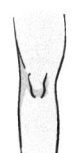

ծունկ

polvi

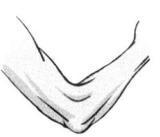

արմունկ

kyynärpää

քիթ

nenä

հետույք

takapuoli

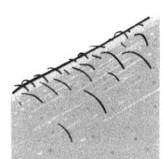

մաշկ

iho

այտ

poski

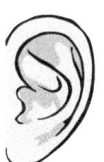

ականջ

korva

շրթունք

huuli

բերան

suu

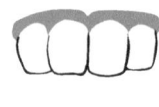

ատամ

hammas

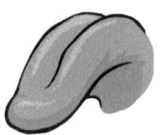

լեզու

kieli

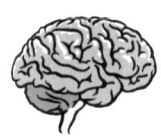

ուղեղ

aivot

սիրտ

sydän

մկան

lihas

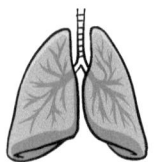

թոք

keuhkot

լյարդ

maksa

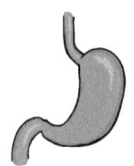

ստամոքս

vatsa

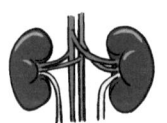

երիկամներ

munuaiset

սեքս

seksi

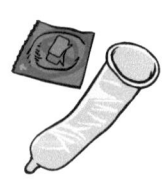

պահպանակներ

kondomi

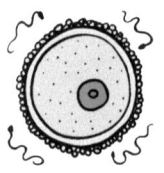

ձվաբջիջը

munasolu

Սեմյոն

sperma

հղիություն

raskaus

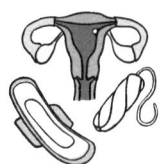

դաշտան

kuukautiset

հեշտոց

vagina

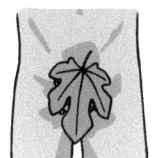

առնանդամ

penis

հոնք

kulmakarvat

մազ

hiukset

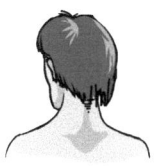

պարանոց

niska

հիվանդանոց
sairaala

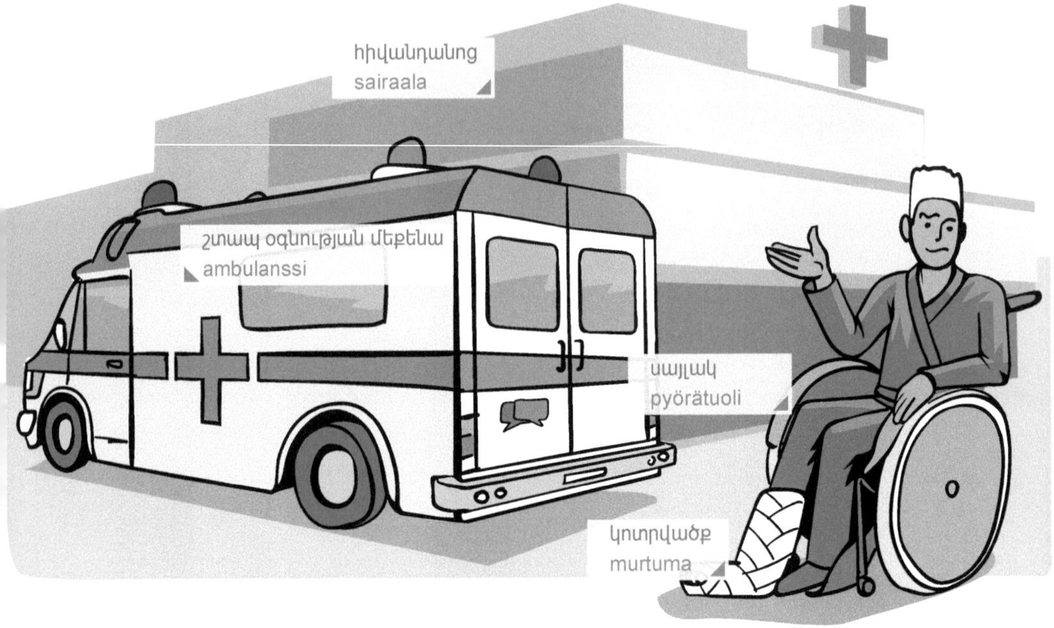

հիվանդանոց
sairaala
շտապ օգնության մեքենա
ambulanssi
սայլակ
pyörätuoli
կոտրվածք
murtuma

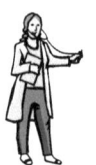

բժիշկ
lääkäri

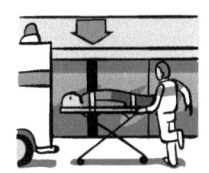

շտապ օգնության սենյակ
ensiapu

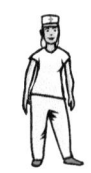

բուժքույր
sairaanhoitaja

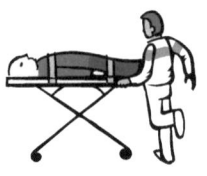

շտապ օգնություն
hätätilanne

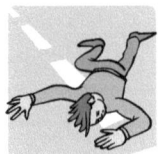

անգիտակից
tajuton

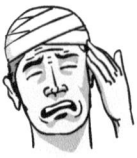

ցավ
kipu

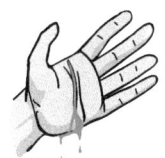

վնասվածք

vamma

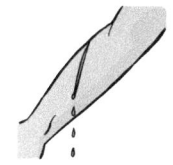

արյունահոսություն

verenvuoto

սրտի կաթված

sydänkohtaus

կաթված

aivoinfarkti

ալերգիա

allergia

հազ

yskä

տենդ

kuume

գրիպ

flunssa

փորլուծություն

ripuli

գլխացավ

päänsärky

քաղցկեղ

syöpä

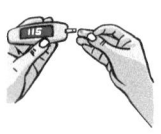

դիաբետ

diabetes

վիրաբույժ

kirurgi

վիրադանակ

veitsi

վիրահատություն

leikkaus

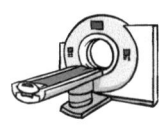

CT

ct

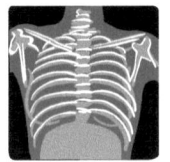

ռենտգեն

röntgen

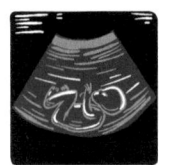

ուլտրաձայնային

ultraääni

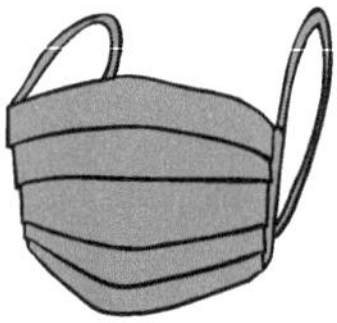

դեմքի դիմակ

maski

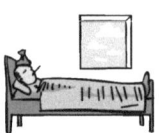

հիվանդություն

sairaus

սպասասրահ

odotushuone

հենակ

sauva

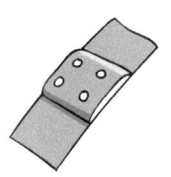

սպեղանի

laastari

վիրակապ

side

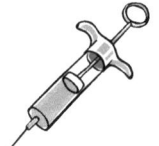

ներարկում

pistos

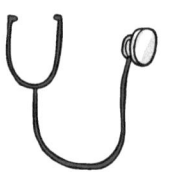

լսափողակ

stetoskooppi

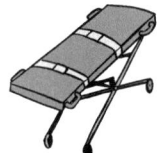

պատգարակ

paarit

ջերմաչափ

kuumemittari

ծնունդ

syntymä

ավելաքաշ

ylipaino

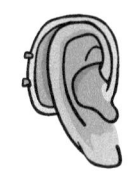

լսելով օգնության
kuulolaite

ախտահանիչ
desinfiointiaine

վարակ
infektio

վիրուս
virus

ՄԻԱՎ / ՁԻԱՀ
HIV / AIDS

դեղորայք
lääke

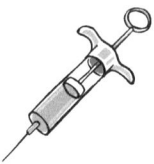

պատվաստում
rokotus

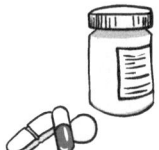

հաբեր
tabletit

հաբ
pilleri

ահազանգ
hätäpuhelu

արյան ճնշման չափիչ սարք
verenpainemittari

հիվանդ / առողջ
sairas / terve

շտապ օգնություն
hätätilanne

Օգնություն!

Apua!

տագնապի ազդանշան

hälytys

հարձակում

ryöstö

հարձակում

hyökkäys

վտանգ

vaara

վթարային ելք

hätäuloskäynti

Յրդեհ

Tulipalo!

կրակմարիչ

palosammutin

վթար

onnettomuus

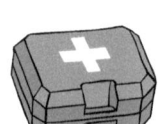

առաջին օգնության դեղարկղ

ensiapulaukku

SOS

SOS

ոստիկանություն

poliisilaitos

Եվրոպա

Eurooppa

Հյուսիսային Ամերիկա

Pohjois-Amerikka

Հարավային Ամերիկա

Etelä-Amerikka

Աֆրիկա

Afrikka

Ասիա

Aasia

Ավստրալիա

Australia

Ատլանտյան օվկիանոս

Atlantin valtameri

Խաղաղ օվկիանոս

Tyynimeri

Հնդկական օվկիանոս

Intian valtameri

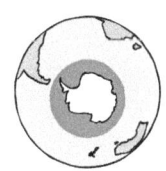

Հարավային Սառուցյալ օվկիանոս

Eteläinen jäämeri

Հյուսիսային Սառուցյալ օվկիանոս

Pohjoinen jäämeri

հյուսիսային բևեռ

pohjoisnapa

հարավային բևեռ
....
etelänapa

Անտարկտիդա
....
Antarktis

երկիր
....
maa

ցամաք
....
maa

ծով
....
meri

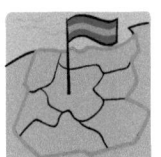

կղզի
....
saari

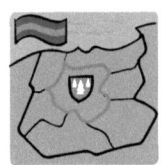

ազգ
....
kansa

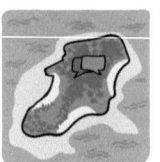

պետական
....
osavaltio

ժամացույց
kello

թվատախտակ

kellotaulu

ժամի սլաք

tuntiviisari

րոպեի սլաք

minuuttiviisari

վայրկյանի սլաք

sekuntiviisari

ժամը քանիսն է?

Paljonko kello on?

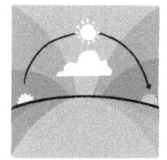

օր

päivä

այսպիսով

aika

այժմ

nyt

թվային ժամացույց

digitaalikello

րոպե

minuutti

ժամ

tunti

շաբաթ

viikko

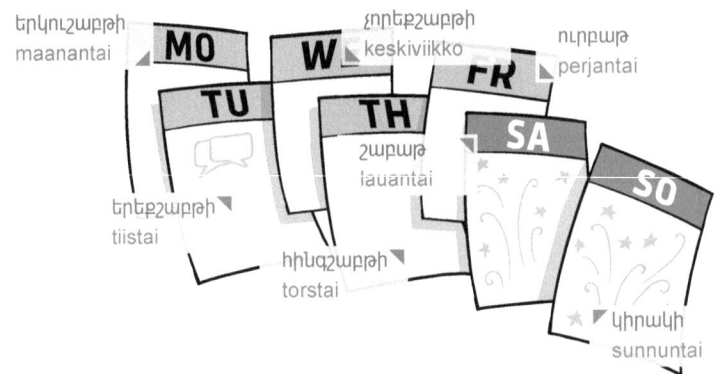

երկուշաբթի
maanantai
չորեքշաբթի
keskiviikko
ուրբաթ
perjantai
երեքշաբթի
tiistai
շաբաթ
lauantai
հինգշաբթի
torstai
կիրակի
sunnuntai

այսօր
eilen

այսօր
tänään

վաղը
huomenna

առավոտ
aamu

կեսօր
keskipäivä

երեկո
ilta

աշխատանքային օրեր
työpäivät

շաբաթվա վերջ
viikonloppu

80 շաբաթ - viikko

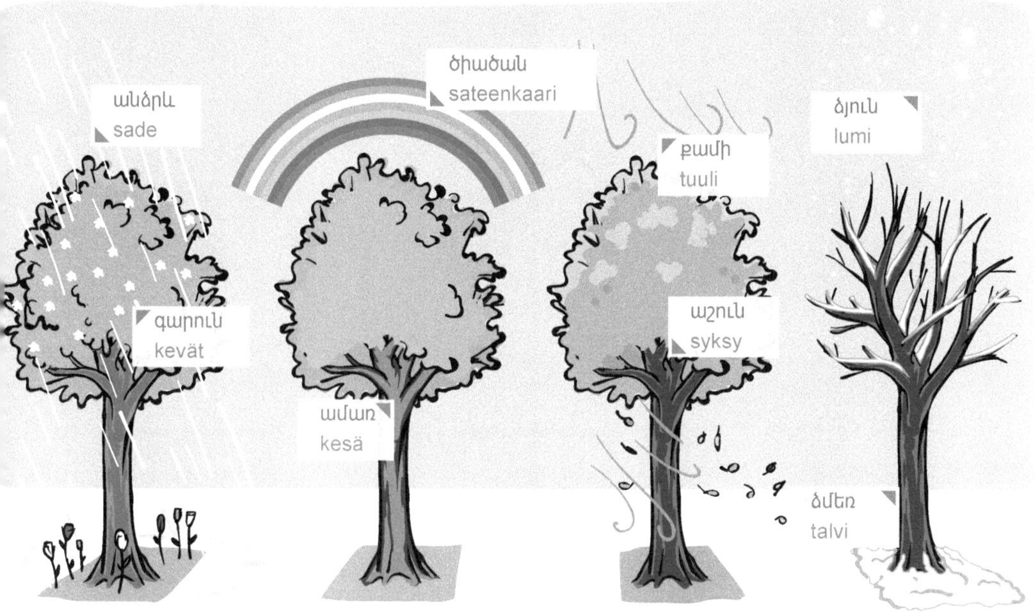

անձրև
sade
ծիածան
sateenkaari
քամի
tuuli
ձյուն
lumi
գարուն
kevät
ամառ
kesä
աշուն
syksy
ձմեռ
talvi

4.APRIL 11°
5.APRIL 4°
6.APRIL 13°
7.APRIL 8°
8.APRIL 10°

եղանակի տեսություն

....

sääennuste

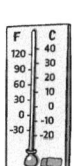

0
10
0
-10

ջերմաչափ

....

lämpömittari

արեւի լույս

....

auringonpaiste

ամպ

....

pilvi

մառախուղ

....

sumu

խոնավություն

....

ilmankosteus

կայծակ

salama

որոտ

ukkonen

փոթորիկ

myrsky

կարկուտ

rae

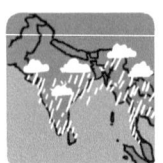

մուսոն

monsuuni

ջրհեղեղ

tulva

սառույց

jää

հունվար

tammikuu

փետրվար

helmikuu

մարտ

maaliskuu

ապրիլ

huhtikuu

մայիս

toukokuu

հունիս

kesäkuu

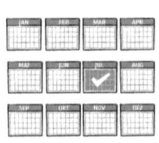

հուլիս

heinäkuu

օգոստոս

elokuu

սեպտեմբեր
syyskuu

հոկտեմբեր
lokakuu

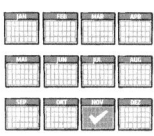

նոյեմբեր
marraskuu

դեկտեմբեր
joulukuu

ձևավորում
muodot

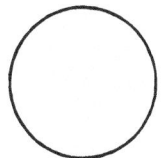

շրջան
ympyrä

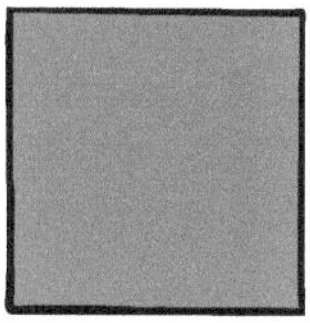

քառակուսի
neliö

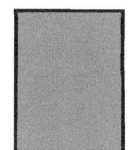

ուղղանկյունի
suorakulmio

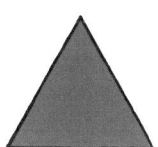

եռանկյունի
kolmio

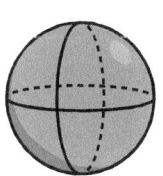

ասպարեզ
pallo

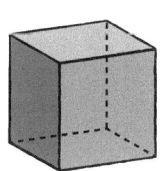

խորանարդ
kuutio

գույներ

värit

վարդագույն

valkoinen

մոխրագույն

keltainen

դեղին

oranssi

մանուշակագույն

vaaleanpunainen

կարմիր

punainen

շագանակագույն

violetti

կապույտ

sininen

սև

vihreä

նարնջագույն

ruskea

սպիտակ

harmaa

կանաչ

musta

հակադիրներ
vastakohdat

շատ / քիչ

paljon / vähän

բարկացած / հանգիստ

vihainen / ystävällinen

գեղեցիկ / տգեղ

kaunis / ruma

սկսած / վերջը

alku / loppu

մեծ / փոքր

suuri / pieni

պայծառ / մութ

vaalea / tumma

եղբայրը / քույրը

veli / sisko

մաքուր / կեղտոտ

puhdas / likainen

ամբողջական / թերի

täydellinen / epätäydellinen

օր / գիշեր

päivä / yö

մեռած / կենդանի

kuollut / elävä

լայն / նեղ

leveä / kapea

ուտելի / անուտելի

syötävä / syömäkelvoton

չար / բարի

paha / kiltti

հուզված / ձանձրացրել

innostunut / tylsistynyt

հաստ / բարակ

lihava / laiha

առաջին / վերջին

ensimmäinen / viimeinen

ընկերը / թշնամին

ystävä / vihollinen

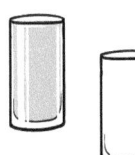

լիքը / դատարկ

täysi / tyhjä

կոշտ / փափուկ

kova / pehmeä

ծանր / թեթև

painava / kevyt

քաղց / ծարավ

nälkä / jano

հիվանդ / առողջ

sairas / terve

անօրինական է / իրավաբանական

laiton / laillinen

խելացի / հիմարություն

älykäs / tyhmä

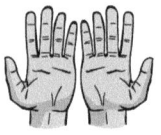

ձախ / աջ

vasen / oikea

մոտիկ / հեռու

lähellä / kaukana

Նոր / օգտագործվում

uusi / käytetty

ոչինչ / ինչ - որ բան

ei mitään / jotain

ծեր / երիտասարդ

vanha / nuori

միացում անջատում

päällä / pois päältä

բաց / փակ

auki / kiinni

ցածր / բարձր

hiljainen / äänekäs

հարուստ / աղքատ

rikas / köyhä

ճիշտ / սխալ

oikein / väärin

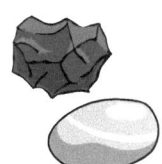

անհարթ / հարթ

karhea / sileä

տխուր / ուրախ

surullinen / iloinen

կարճ / երկար

lyhyt / pitkä

դանդաղ / արագ

hidas / nopea

թաց / չոր

märkä / kuiva

տաք / թույն

lämmin / viileä

պատերազմ / խաղաղությունը

sota / rauha

թվեր
numerot

0	1	2
զրո	մեկ	երկու
nolla	yksi	kaksi
3	4	5
երեք	չորս	հինգ
kolme	neljä	viisi
6	7	8
վեց	յոթ	ութ
kuusi	seitsemän	kahdeksan
9	10	11
ինը	տաս	տասնմեկ
yhdeksän	kymmenen	yksitoista

12

տասներկու
....

kaksitoista

13

տասներեք
....

kolmetoista

14

տասնչորս
....

neljätoista

15

տասնհինգ
....

viisitoista

16

տասնվեց
....

kuusitoista

17

տասնյոթ
....

seitsemäntoista

18

տասնութ
....

kahdeksantoista

19

տասնինը
....

yhdeksäntoista

20

քսան
....

kaksikymmentä

100

հարյուր
....

sata

1.000

հազար
....

tuhat

1.000.000

միլիոն
....

miljoona

լեզուներ
kielet

անգլերեն

englanti

ամերիկյան անգլերեն

amerikanenglanti

չինարեն մանդարին

mandariinikiina

հինդի

hindi

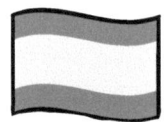

իսպաներեն

espanja

ֆրանսերեն

ranska

արաբերեն

arabia

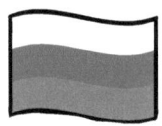

ռուսերեն

venäjä

պորտուգալերեն

portugali

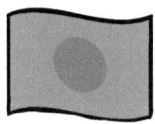

բենգալերեն

bengali

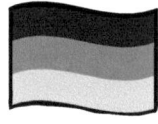

գերմաներեն

saksa

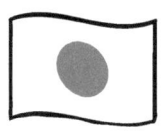

ճապոներեն

japani

Ով է /, թե ինչ է /, ինչպես
kuka / mitä / miten

ես

minä

դուք

sinä

Նա / նա /, որ դա

hän

մենք

me

դուք

te

նրանք

he

Ով է?

kuka?

ինչ?

mitä / mikä?

ինչպես?

miten?

որտեղ.

missä?

երբ?

milloin?

անուն

nimi

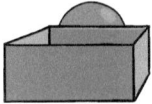

որտեղ
missä

ետևում

takana

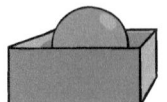

մեջ

sisällä

դիմաց

edessä

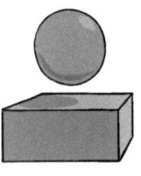

վրա

yläpuolella

վրա

päällä

տակ

alapuolella

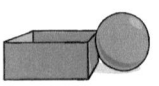

կողքին

vieressä

միջեւ

välissä

տեղ

paikka